AF365774

* 9 7 8 6 1 4 4 0 2 6 5 1 9 *

دار أصالة ش.م.م. – طبعة ثالثة 2021

ISBN: 978−614−402−651−9

www.asalapublishers.com

info@asalapublishers.com

عِنْدَما تَغْضَب!

تأليف: دنيازاد السعدي

رسم: ظريفة حيدر

هَلْ غَضِبْتَ يَوْمًا وشَعَرْتَ أَنَّكَ مَظْلُومٌ ولَمْ يَسْمَحْ لكَ أَحَدٌ بِالدِّفاعِ عَنْ نَفْسِكَ؟ أَوْ حُرِمْتَ مِنْ شَيْءٍ تُحِبُّهُ لِأَنَّكَ مُعاقَبٌ؟ أَوْ رُبَّما تَلَقَّيْتَ أَمْرًا لَمْ يُعْجِبْكَ لكِنْ عَلَيْكَ تَنْفِيذُهُ؟

هَلْ تَمَنَّيْتَ أَنْ تَكْسِرَ شَيْئًا أَمامَكَ أَوْ كَسَرْتَهُ لِأَنَّكَ غاضِبٌ؟ أَوْ رُبَّما ضَرَبْتَ أَحَدًا أَوْ عَضَضْتَ يَدَكَ وشَدَدْتَ شَعْرَكَ!

وها أنا وَحيدٌ أنْظُرُ حَوْلي.. أُفكِّرُ بِطَريقةٍ جَديدَةٍ لِلتَّخَلُّصِ مِنْ غَضَبي، فَرُحْتُ أصْرُخُ مُدَّعِيًا بِأَنَّني أُغَنِّي لِأنَّ الصُّراخَ ورَفْعَ الصَّوتِ عالِيًا مَمْنوعٌ أيْضًا! دَخَلَتْ أُمِّي وطَلَبَتْ إلَيَّ أنْ أُخْفِضَ صَوْتي. فأبي نائِمٌ! ولِلحَقيقَة، شَعَرْتُ بِبَعْضِ الارْتِياح. لكِنَّني ما زِلْتُ غاضِبًا.

بِالتَّأْكِيدِ فَعَلْتَ! لَكِنَّكَ لَمْ تَتَذَكَّرْ أَنْ تَنْظُرَ إلى وَجْهِكَ في المِرْآةِ وتَرى نَفْسَكَ كَيْفَ تَبْدو كالوَحش! لِذَلِك، انْضَمَّ إليَّ يا صَديقي في «نادي الغاضِبين» بَعْدَ أنْ تَقْرَأَ حِكايَتي:

أنا اسمي «هادي» ولكِنَّني لَسْتُ هادِئَ الطَّبع! أُحِبُّ اللَّعِبَ طَوالَ الوَقْتِ ولا تُعْجِبُني أوامِرُ الكِبارِ لِأنَّها تُقَيِّدُني وتَمْنَعُني عَنْ أشْياءَ كَثيرَةٍ وهَذا ما يَجْعَلُني أغْضَب، فَأُكَسِّرُ وأُخَرِّبُ ألْعابي، أضرِبُ أحَدًا كَي أتَخَلَّصَ مِنْ غَضَبي. غَيرَ أنَّني كُنْتُ أجْلُبُ لِنَفْسي المَزيدَ مِنَ العِقابِ فَأغْضَبُ مِنْ جَديدٍ، وفي النِّهايَةِ أسْتَسْلِم... ولكِن... في داخِلي غَضَبٌ... غَضَبٌ.

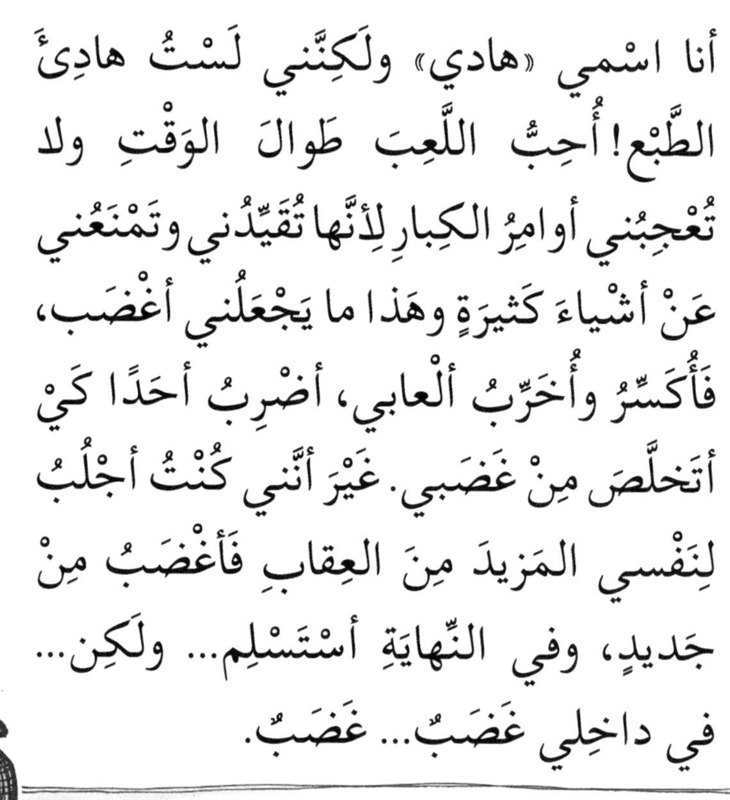

إنَّما أخيرًا وَجَدْتُ الحَلّ. وهُنا تَبْدَأُ الحِكايَة.

في أَحَدِ الأَيّامِ، رَكَلْتُ بابَ غُرْفَتي ودَخَلْتُ غاضِبًا جِدًّا بِسَبَبِ أَخي الأَصْغَرِ «هاني»، الَّذي اشْتَكى لِأُمّي مِنْ أَنَّني تَجاوَزْتُ الوَقْتَ المُحَدَّدَ لي بِاللَّعِبِ بِالحاسوب، فَضَرَبْتُه، وبِالطَّبْعِ كانَ العِقابُ بِانْتِظاري: مَحرومٌ مِنِ اسْتِخْدامِ الحاسوبِ أُسْبوعًا كامِلًا، ومَمْنوعٌ مِنَ الخُروجِ مِنْ غُرْفَتي ساعَةً كامِلَةً.

جَلَسْتُ عَلَى طَاوِلَةِ الدَّرْسِ وَقَدْ بَدَأْتُ أَسْتَسْلِم، فَانْقَلَبَ غَضَبِي إلى إحْساسٍ بِالحُزْن. وَبَيْنَما أنا كَذَلِك، وَقَعَتْ عَيْنايَ عَلَى أَقْلامِ التَّلْوينِ فَأَمْسَكْتُ بِها دُفْعَةً واحِدَةً وَوَجَّهْتُها نَحْوَ وَرَقَةٍ كانَتْ عَلَى الطَّاوِلَةِ وصِرْتُ أُسَيِّرُها عَلَى الوَرَقَةِ في الاتِّجاهاتِ كُلِّها. ويا لَلدَّهْشَة! الأَلْوانُ تَداخَلَتْ مَعَ بَعْضِها بَعْضًا فَأَنْساني مَنْظَرُها ما كُنْتُ فيه. فَأَخَذْتُ وَرَقَةً أُخْرى وَرُحْتُ أَرْسُمُ وَأَرْسُمُ حَتّى إِنَّني رَسَمْتُ أَخي «هاني» وهُوَ يَبْدو شِرّيرًا لِأَنَّهُ السَّبَبُ في عِقابي. مَرَّتِ السَّاعَةُ بِسُرْعَةٍ مِنْ دونِ أَنْ أَشْعُرَ وَقَدْ وَجَدْتُ نَفْسي مُرْتاحًا، سَعيدًا بِرُسوماتي، حَتّى نَسيْتُ إِنَّني مُعاقَبٌ.

9

فَاكْتَشَفْتُ طَريقَةً جَديدَةً لِلتَّعْبيرِ عَنْ غَضَبي بِلا عَواقِب.

وفي يَوْمٍ آخَر، بَيْنَما كُنْتُ ورِفاقي في الصَّفِّ نَنْتَظِرُ دُخولَ المُعَلِّمَة، كانَ بَعْضُ التَّلاميذِ يَضِجّونَ ويُصْدِرونَ أَصْواتًا عاليَةً. وفي تِلْكَ الأَثْناءِ دَخَلَتْ مُعَلِّمَتُنا مُسْتاءَةً مِنْ هَذا الضَّجيج، فَحَسِبَتْ أَنَّ الجَميعَ تَسَبَّبوا بِهَذا الضَّجيج. غَيْرَ أَنَّني لَمْ أَكُنْ مُشارِكًا، بَلْ كُنْتُ جالِسًا في مَكاني أُراجِعُ الدَّرْسَ السّابِق. ولِأَنَّ المُعَلِّمَةَ غاضِبَةٌ، قَرَّرَتْ مُعاقَبَةَ الجَميعِ مِنْ دونِ اسْتِثْناءٍ بِكِتابَةِ الدَّرْسِ عَشْرَ مَرّاتٍ!

حينَئِذٍ، شَعَرْتُ بِالظُّلم. كَيْفَ تُعاقِبُني وأنا لَمْ أَقْتَرِفْ ذَنْبًا!
حاوَلْتُ أَنْ أُكَلِّمَها وأُدافِعَ عَنْ نَفْسي، لَكِنَّها رَفَضَتِ الاسْتِماعَ إلَيَّ. وطَبْعًا، بَدَأْتُ أَشْعُرُ بِالغَضَب.

فَكَيْفَ أَتَصَرَّف؟ بِالتَّأْكيدِ لَنْ أَضْرِبَها كَما ضَرَبْتُ أَخي «هاني» مِنْ قَبْل، ولَنْ أَصْرُخَ في وَجْهِها، فَكِلا التَّصَرُّفَيْنِ مِنْ قِلَّةِ الأَدَب!

HISTORY
MATHEMATICS
SCIENCE
25 + 7
7 - 9
100 × 2
100 × 3
25 + 8
EXAM NEXT WEEK

عُدْتُ إِلى البَيْتِ وفي داخِلي غَضَبٌ... وغَضَبٌ. رَمَيْتُ حَقيبَتي وجَلَسْتُ عَلى سَريري، لَكَمْتُ وِسادَتي ثُمَّ لَكَمْتُ حافَّةَ سَريري، فآلَمَتْني يَدي. وما الفائِدَة؟ فَما زِلْتُ مُلْزَمًا بِالعِقاب!

تَذَكَّرْتُ الرَّسْمَ ولكِن، في المَرَّةِ السّابِقَةِ عِنْدَما لَجَأْتُ إلى الرَّسْمِ كُنْتُ مُخْطِئًا بِضَرْبِ أخي، أمّا هَذِهِ المَرَّةُ فأنا لَمْ أُخْطِئْ.
حاوَلْتُ أنْ أرْسُم، فَرَسَمْتُ وَجْهًا حَزينًا، باكِيًا وبَدَأْتُ أشْعُرُ بِالاسْتِسْلام.

15

تَنَاوَلْتُ غَدائي وأنا أُفكِّر... وَأخيرًا، خَطَرَتْ بِبالي فِكْرَةٌ...

أسْرَعْتُ إلى غُرْفَتي، جَلَسْتُ أمامَ طاوِلَةِ الدَّرس. أخَذْتُ دَفْتَري ونَفَّذْتُ العِقابَ عَلى مَضَضٍ. وبَعْدَ أنْ أنْهَيْتُهُ أخَذْتُ وَرَقَةً ورُحْتُ أكْتُبُ ما حَصَلَ في الصَّفِّ وقَدْ فوجِئْتُ بِالجُمَلِ الَّتي أكْتُبُها وكَأنَّها تَخْرُجُ مِنْ صَدْري مُخْرِجَةً كُلَّ ما بِداخِلي مِنْ حُزْنٍ وغَضَبٍ حتّى بَدا ما أكْتُبُهُ وكَأنَّهُ رِسالَةٌ إلى مُعَلِّمَتي. ففَكَّرْتُ قَليلًا...لِمَ لا أُسَلِّمُها الرِّسالَةَ؟! أَلَيْسَتْ هِيَ الَّتي ظَلَمَتْني عِنْدَما رَفَضَتْ أنْ تَسْتَمِعَ إلَيَّ؟

سَأَضَعُ الرِّسالَةَ في الدَّفْتَر،
وعِنْدَما تَقْرَأُها سَتَعْرِفُ الحَقيقَة

كَمْ أنا مُرْتاحٌ الآن! فَلا الوِسادَةُ الَّتي ضَرَبْتُها
ولا حافَّةُ السَّريرِ أزالَتا غَضَبي كَما فَعَلَتِ الكِتابَة

وفي اليَوْمِ التّالي، حَصَلَ ما خَطَّطْتُ لَه، وعَلى الرَّغمِ مِنْ قَلَقي حِيالَ ما سَيَكونُ عَلَيْهِ رَدُّ فِعْلِها، إذا بِها تَبْتَسِمُ وتَشْكُرُ لي جُرْأتي وَكَأنَّها تَعْتَذِر.

أَدْرَكْتُ الآنَ أَنَّني لمْ أَسْتَسْلِمْ واسْتَطَعْتُ أَنْ أُدافِعَ عَنْ نَفْسي بِذَكاءٍ. وصِرْتُ كُلَّما أَغْضَبَني شَيءٌ ولا أَسْتَطيعُ أَنْ أَتَكَلَّمَ أَوْ أُبْدِيَ رَأيِي أَرْسُم، أَكْتُب أَوْ حَتّى أُغَنّي إلى أَنْ أَهْدَأَ وأُفَكِّرَ في حُلولٍ لِمُشْكِلَتي.

أمّا «نادي الغاضِبين» الَّذي دَعَوْتُكَ للانْضِمام إلَيْهِ يا صَديقي فَلَيْسَتْ سِوى غُرْفَتي... قَلَمي ودَفْتَري وألْواني. أمّا فُرْشَةُ شَعْري فَقَدْ كانَتْ الـ«مايْكروفون» الَّذي أُغَنّي بِهِ. وذَلِكَ كُلُّهُ ساعَدَني كَيْ أهْزِمَ وَحْشَ الغَضَبِ الَّذي كُنْتُ أراهُ في وُجوهِ الآخَرينَ حينَ كانوا يَغْضَبونَ أمامي:

أبي أُمّي، مُعَلِّمَتي ورِفاقي، حَتّى كَثيرٌ مِنَ الكِبارِ الَّذينَ لا أعْرِفُهُمْ في الشّارعِ أوْ في سَيّاراتِهِمْ يَصْرُخونَ عَلى بَعْضِهِمْ بَعْضًا ويَتَشاجَرونَ حَتّى يَبْدُوَ مَنْظَرُهُمْ مُخيفًا: وَجْهُ مُحَمَّرٌ، عَيْنانِ مُشْتَعِلَتان، جَبينٌ مُقَطَّبٌ وَفَمٌ مَفْتوحٌ تَخْرُجُ مِنْهُ الكَلِماتُ وكَأنَّها قَذائِفُ مِدْفَعٍ... كَلِماتٌ وإهاناتٌ مَمْنوعٌ عَلى الصِّغارِ تَرْديدُها لأنَّها «قِلَّةُ أَدَبٍ».

فَيا صَديقي الصَّغيرَ المُؤَدَّب:
عِنْدَما تَغْضَب، اُكْتُبْ، اُرْسُمْ، وجَرِّبْ أنْ تَعْزِفَ أوْ تُغَنّي...
ويا كِبارَ العالَم:
اِغْضَبوا مِثْلي. فَرُسوماتٌ وكَلِماتٌ عَلى وَرَقٍ خَيْرٌ مِنْ إهاناتٍ ولَكْماتٍ!!!
حتّى لا نَصيرَ وُحوشًا.

لماذا؟!
بعادى.
نادي الغاضبين